AF220915

Basteln mit Mila van Kirsche

# Das Feenwohnzimmer

## Vivi zaubert in ihrem Feenwohnzimmer

„Wir basten uns die Welt, wie sie uns gefällt"

## Band 1

# Das Feenwohnzimmer

Mila van Kirsche

**Impressum**

Bibliografische Information der Deutschen Nationalbibliothek:
Die Deutsche Nationalbibliothek verzeichnet diese Publikation in der
Deutschen Nationalbibliografie; detaillierte bibliografische Daten sind im
Internet über http://dnb.dnb.de abrufbar.

© 2022 Mila van Kirsche

Lektorat: languagetool.org/ Wolfgang Grabler
Korrektorat: languagetool.org/ Wolfgang Grabler

Herstellung und Verlag: BoD – Books on Demand, Norderstedt

ISBN: 978-3-7543-8415-2

# Inhaltsverzeichnis

# 1.0. VORWORT

In den letzten 2 Jahren scheint es, als würde unsere Freizeit mehr und mehr schwinden...

Die Tage vergehen, wie im Flug, obwohl wir aufgrund der aktuellen Lage eher dazu angehalten sind, unsere Zeit zu Hause zu verbringen.

Gerade deshalb sollte es so weit sein!

Wir holen uns, unsere wertvollen Stunden zurück. Hier tauchen wir in unsere eigene kleine, wunderbare Traumwelt ein – sei es mit unseren lieben Kindern, Neffen, Enkeln die diese Ideen immer spannend, lustig und aufregend empfinden. Oder auch wir! Für uns selbst, die dies ebenso dringend brauchen, kreativ sein wollen und auch das Abschalten vom Alltag genießen möchten.

Die eigenen kleinen Wunderwelten, in denen wir kreativ sein können, wir selbst sein können und unsere Geschichte- unser eigenes Märchen bestimmen.

Genannt wird diese Wunderwelt: Guckschachtel.

Wieso Guckschachtel?

Weil man die kleine selbst gebastelte Welt, am Ende durch ein Fenster: Das „Guckfenster" betrachtet.

Die Guckschachtel in diesem Buch beinhaltet nicht nur eine Bastelanleitung, sondern auch ein Märchen über die Hauptfigur hinter dem Guckfenster:

Das Märchen von der kleinen Fee Vivi wird zusammen mit einer selbst gebastelten Guckschachtel erzählt.

Wie könnte man am schönsten, wohl vielleicht auch spannendsten eine kleine Welt erschaffen, als dass man diese in eine Schachtel integriert.

Der Zauber:

Hinter dem Guckfenster ist es vorerst dunkel, da die Schachtel noch rundum geschlossen ist. Jedoch wird ein kleines Loch am Deckel der Schachtel ausgeschnitten, um dort eine Taschenlampe anbringen zu können.

Man schaltet diese ein und „wow" es erscheint eine kleine Märchenwelt, dort wo man vorher noch nichts sah.

Richtig schön vertieft durch das kleine Fenster, können wir uns dann vorstellen welche wunderbaren Abenteuer Vivi erlebt und welche tollen Freunde sie hat, oder sogar noch kennen lernen wird. Wie sieht ihr spannender Alltag aus? Was erwartet sie in den nächsten Tagen, Wochen und Monaten?

Hier im Band 1, besuchen wir die kleine Fee Vivi in ihrem Feenwohnzimmer, welches auch ein kleines Märchen mit beinhaltet. Und natürlich hoffen wir, dass es nicht nur bei dieser einen Geschichte bleibt....

Das Bastelbuch kann/ aber muss in keinem Fall eine eins zu eins Anleitung sein.

Hier können je nach Geschmack, Farben, Formen, etc. ausgetauscht und auf die eigene Weise eingesetzt werden. Gemalt, ausgeschnitten, vielleicht auch Schablonen und Bastelvorlagen aus dem Netz geholt werden, die besser gefallen....

Hauptsache ist: Am Schluss steht das kleine Feenwohnzimmer und wir können unsere Vivi besuchen wann immer wir wollen. Selbstverständlich unsere Taschenlampe genügend „Saft" hat ☺

Das Märchen über die kleine Vivifee in ihrem Feenwohnzimmer, ist meine Fantasiegeschichte zu meiner Märchenwelt.

Damit wünsche ich euch auf jeden Fall viel Freude!

Natürlich freut sich die kleine Vivi über jedes Märchen, dass man noch über sie erzählen wird.

**Wichtig** ist noch anzumerken, bevor wir nun beginnen kreativ zu werden:

Das Basteln der Guckschachtel hat keinen hohen Schwierigkeitsgrad. Sie ist darauf ausgerichtet – dass Kleinkinder, wie auch wir Erwachsenen – die noch nie wirklich etwas zusammengebastelt haben – sehr viel Freude an der Bastelei haben.

Das Gelingen ist wichtig und macht Freude.

Wir streben nicht nach Perfektion – wir streben nach Abenteuer, Märchenwelt, eigene kleine Welten, für unsere Jüngsten und kreativen Freigeistern.

Es ist sehr wichtig, wenn Papier, Schachteln, Vorlagen ausgeschnitten werden:

Bitte lasst eure Kinder nicht alleine mit einer scharfen Schere, oder auch Messer hantieren.

Dieses Bastelmaterial ist für Erwachsene gedacht. Zumindest unter Aufsicht von Erwachsenen sollte ein Kind mit der Schere hantieren. Keinesfalls ohne.

Das abgebildete Messer – zum Ausschnitt von Fenster & Licht – soll generell nur von Erwachsenen bedient werden.

Die Bastelmaterialien sind natürlich ebenfalls von jedem Einzelnen frei wählbar und es kann natürlich auch, beispielsweise eine Bastelschere für Kinder verwendet werden. Dies würde ebenso gut funktionieren.

Wie schon erwähnt, sind auch Farben, Formen, etc… je nach Geschmack wählbar.

Ich bin mir sicher, dass wir alle sehr gerne malen, basteln und viel Freude dabeihaben – jedoch nicht genau denselben Geschmack in Punkto Farben, oder überhaupt der Inneneinrichtung der Guckschachtel haben.

In dieser Anleitung habe ich meine Lieblingsfarben, Bastelutensilien, wie auch Malerei und Schablonen genommen.

Natürlich freue ich mich sehr, wenn genau diese auch euren Geschmack treffen. ☺

Am Ende des Buches steht ein Zahlencode für euch bereit:

Sollte ich euren Geschmack treffen, habe ich Malvorlagen vorbereitet, welche ich euch auf Anfrage gerne per E-Mail zukommen lasse.

Einfach den Zahlencode via E-Mail mit eurer Anfrage übersenden.

Ebenfalls übersende ich gerne das Taschenbuch via PDF (mit selben Zahlencode) auf Anfrage.

(Im PDF sind die Fotos farblich hinterlegt)

Ich freue mich auf eure Anfragen ☺

Und nun wollen wir beginnen.

Ich wünsche euch mit eurer kleinen Märchenwelt genau so viel Freude, wie auch ich sie damit habe.

## Hallo, ich bin die kleine Vivifee.

Heute besucht ihr mich und meinen Kumpel Sam die Eule in meinem Feenwohnzimmer.

Ich freue mich sehr, da ich viel zu erzählen habe ☺

Wie man sieht, habe ich mir eine süße Fee aus einem Bastelshop bestellt.

Hier ist es sehr wichtig, nehmt euch genau diese Fee, welche euch am besten gefällt, denn wir besuchen sie oft und an den verschiedensten Orten. Unsere Märchen drehen sich um die kleine Vivi und ihre Abenteuer.

Ich habe die Fee noch in meinem Sinne um modelliert. Ich wollte eine Fee mit roten Haaren und winziger, goldener Umrandung.

Wer dies ebenfalls machen möchte, es ist ganz simple:

Nehmt einen Nagellack in eurer Wunschfarbe. Den Lack dann vorsichtig über die Haare streichen (dass hier nichts ins Gesicht, oder den Körper tropft) und lasst das Ganze über Nacht trocknen.

Ebenso bei der Farbe vom Kleidchen der Fee. Diese könnt ihr wählen, wie ihr wollt.

Meine Vivifee hat ein grünes Kleidchen zu ihren roten Haaren an. Dies hat mir am besten gefallen.

Nun sehen wir uns an, welche Bastelutensilien wir brauchen, bzw. für unser kleines Wohnzimmer wollen:

Zunächst brauchen wir selbstverständlich eine Schachtel zum Reingucken.

Ich nehme hier eine Schuhschachtel, vom letzten Schuhkauf. Diese ist noch nicht zerdellt, deswegen eignet sie sich ganz gut.

Ebenfalls habe ich mir folgende Bastelutensilien bereitgelegt:

2 verschiedene UHU Kleber, je nachdem WAS ich hier heute ankleben möchte, eignet sich der eine besser als der andere. Aber dies ist selbstverständlich Geschmacksache.

Ich habe mir auch Klebestreifen besorgt, da mir das Ankleben von Bastelpapier, oder Geschenkpapier damit besser gelingt.

Am Foto sieht man auch Bastelpapier, wie auch Geschenkpapier. Das Geschenkpapier dazu zu kaufen, war eine klare Entscheidung: Genau dieses Muster war perfekt für mich!

Genau dieses Muster, darf das Feenwohnzimmer – meine kleine Märchenwelt dominieren.

Wir haben hier auch Glitzer, Glitzerschmetterlinge, Nähgarn (für unseren besonderen Trick) und leere Toilettenpapierrollen. Denn diese hat jeder zu Hause und sie eignen sich so gut zum Basteln.

Des Weiteren finden sich auf dem Basteltisch noch Farbstifte, Filzstifte – je nachdem mit was und natürlich, OB man gerne malen möchte, Geschenkbänder – denn diese können auch extra Glanz verleihen und auch weißes Selbstklebepapier – denn hier brauche ich nur ausschneiden und kann direkt aufkleben.

Nun lasst uns gucken, was wir alles für das Wohnzimmer verwenden wollen ☺

## 4.0. MOTIVE FÜR DIE SCHACHTEL MALEN.

Nun, erstmal packe ich meine Farbstifte aus….

Ich möchte gerne ein bisschen Innendeko selbst gestalten.

Jetzt werden ein paar Motive gemalt…

Hier habe ich einfache Farbstifte, wie auch einfaches, weißes A4 Papier benutzt.

Natürlich kann man auch das dicke Bastelpapier in Weiß zum Bemalen verwenden.

Diese Auswahl ist auch reine Geschmackssache – ich male hier ein paar Motive für die Wand der Guckschachtel.

Es mag sein, dass ein dickes Papier sich hier besser ankleben, oder auch bemalen lässt.

Ich muss sagen, für meine Zwecke heute, reicht mir, dass normale weiße A4 Papier.


Ich möchte, dass man in meinem Feenwohnzimmer auch die Eingangstür sieht, deshalb fange ich mit dieser an.

Türumriss gezeichnet und ein wenig durchschattiert. ☺

Es soll die Optik einer Holztür bekommen, deshalb der braune Farbstift und die vielen, kleinen und unregelmäßigen Striche in der Tür.


Danach etwas kräftiger und auch weniger kräftig aufdrücken, beim Ausmalen.

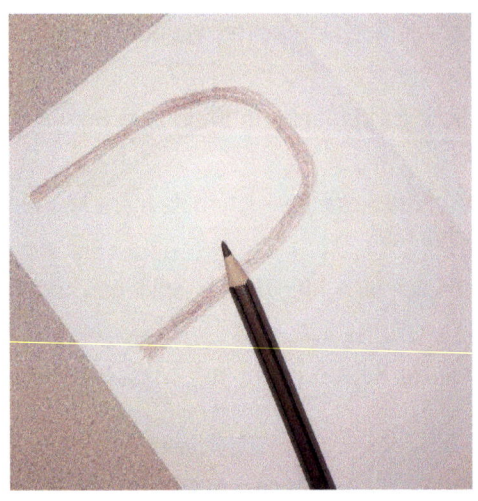

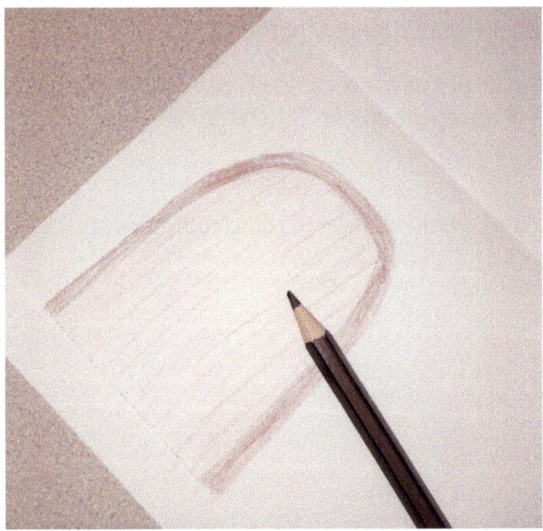

Etwas Muster darf auch sein, so wirkt die Türe auch gleich ein bisschen märchenhafter ☺

So gefällt mir meine Tür, jetzt ziehe ich ein paar Umrandungen noch mit einem gelben Filzstift nach, denn dieser lässt einen kleinen Schimmereffekt in die Tür einfließen...

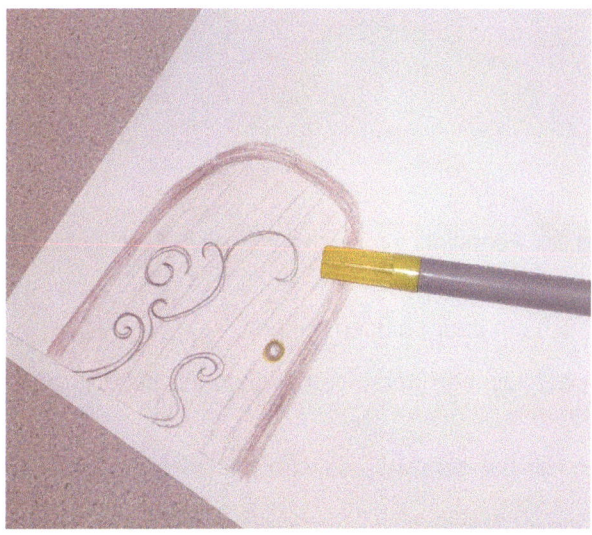

So gefällt mir die Eingangstür für meine Vivifee, nun geht es weiter mit der Innendeko....

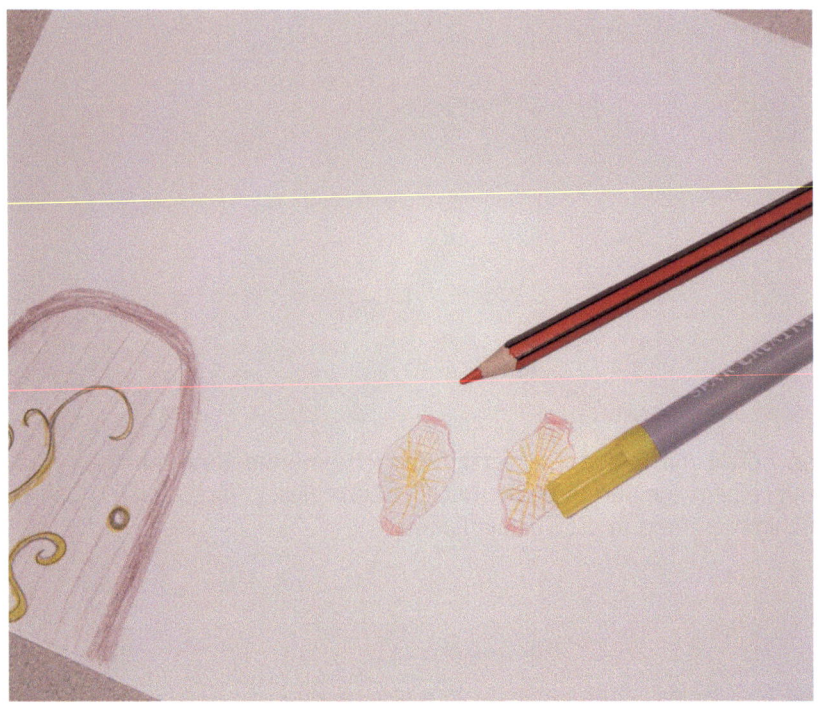

Für die Beleuchtung im Feenwohnzimmer, sorgt eine Taschenlampe von außen.

Doch Innen dürfen auch ein paar Lampen hängen.

Hier werde ich ein paar Lampen anbringen – denn ich habe ja auch Lampen im Wohnzimmer.

Laternchen – würden mir gut gefallen – so wird's gemacht/ gemalt ☺

Beginnend mit dem Umriss meiner Laternenlampe...

Gefallen sie mir schon sehr gut, so mache ich ein paar mehr ☺

Ein paar vereinzelte, Striche mit dem roten Farbstift, leicht ausgemalt und einen wilden Stern mit dem gelben Filzstift in der Mitte.

So leuchten die Laternchen für das Feenwohnzimmer.

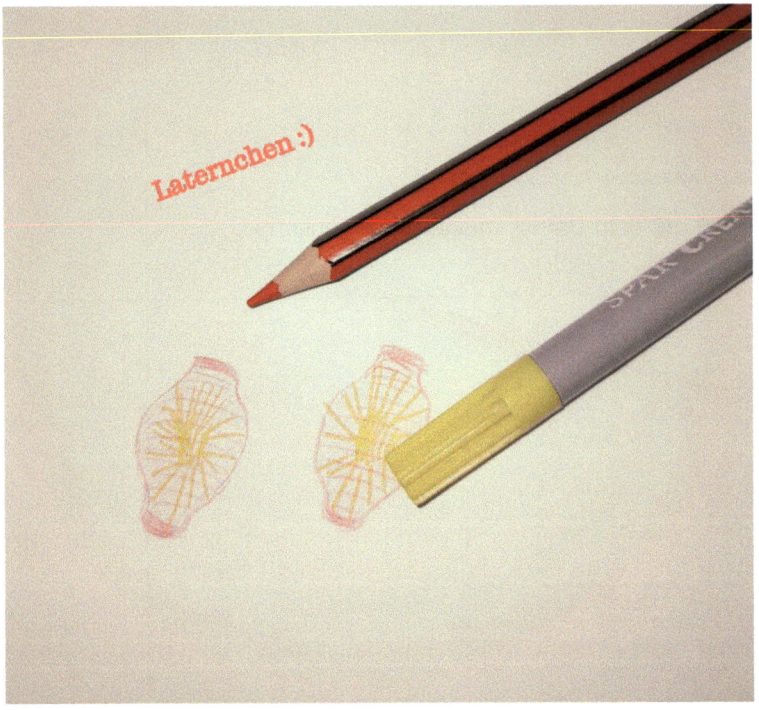

Nun…. ich muss sagen, ein bisschen hat mich jetzt das „Malfieber" gepackt ☺

Ich habe meine Tür, ein paar süße Laternchen – was wäre denn noch schön, bzw. was darf denn in einem Feenwohnzimmer auf keinen Fall fehlen?

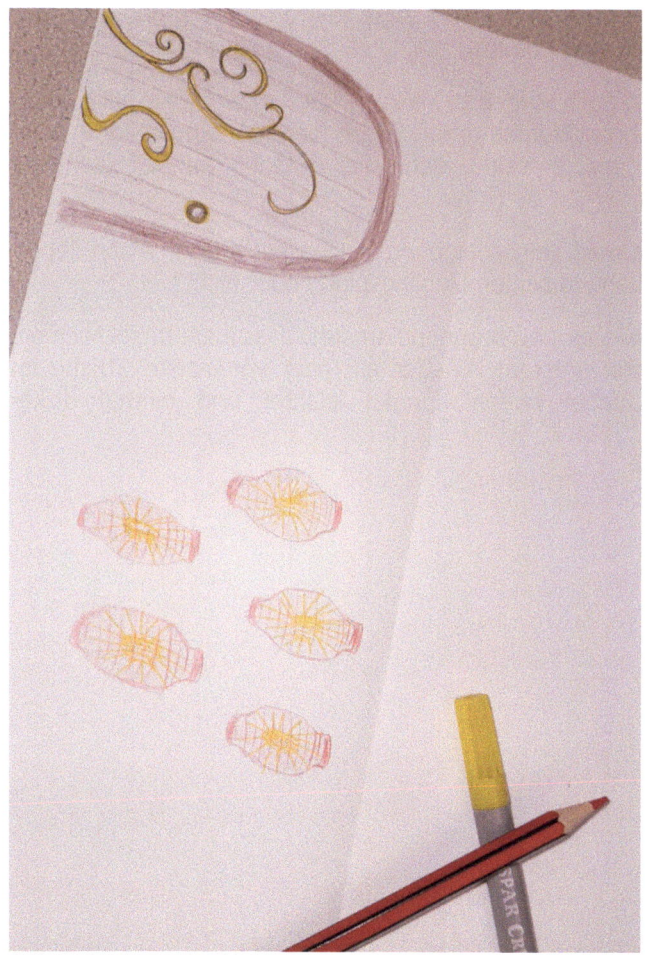

(Auf dem Bild sieht man, dass das Blatt Papier einen Knick in der Mitte hat. Den Knick hat es, weil ich mir vor Beginn des Zeichnens die Höhe der Schachtel ausgemessen habe. Dann habe ich mir in meine Blätter genau zu dem Zweck einen Knick gemacht – ich weiß ja noch nicht, was ich hier alles noch malen möchte – dass ich keine zu großen Bilder male und dann enttäuscht bin, weil diese zu groß geraten sind und nicht auf die Schachtelwand passen.)

Natürlich! Hier ist doch Vivifee zu Hause – also bekommt sie auch einen Holzhocker mit ihrem Namen drauf. Wieso nicht nur ein Schild? – nein! Es muss ein Holzhocker sein – denn hier wird ihr Kumpel Sam Platz nehmen.

Ich glaube, Sam mag seinen eigenen Holzhocker an der Wand lieber. Jeder hat doch daheim seinen Lieblingsplatz, oder nicht? ☺

Hier nehme ich wieder den braunen Farbstift, dass auch tatsächlich ein bisschen Holzoptik entsteht. Wieder ein paar vereinzelte Striche im Hocker, sollen dabei helfen. Einmal leichter und einmal dicker aufgedrückt...

...und mit einem violetten Filzstift noch Vivi rein gezeichnet.

So gefällt mir der kleine Hocker.

Nun fehlt noch Einer......

Sam die Eule, der sich´s dann auf dem Hocker gemütlich macht.

Auch hier – einfach gehalten – Umriss gezeichnet, etwas schattiert und mit vielen, ungleichen Strichen die Federn eingezeichnet. Augen, Schnabel und Krallen dazu.

Und hier haben wir Vivifee´s besten Kumpel:

**Hallo Sam!**

Es gibt hierzu auch diverse Malvorlagen im Internet, oder auf Anfrage von mir via E-Mail zugeschickt.

Viele kann man gratis downloaden und ausdrucken und genauso viele kann man sich bestellen.

Natürlich spricht auch nichts gegen eine kleine Eulchenfigur – wie ich es auch bei Vivi Fee gemacht habe. Euren Fantasien und Vorstellungen sollen hier keine Grenzen gesetzt werden.

**Apropo!**

Was würden wir denn noch so in einem Feenwohnzimmer finden?

Eine Fee, mit ihren Kumpel Sam, welche in einem kleinen Häuschen in der freien Natur wohnen……

Ach ja! Schwammerl.

Aber Bunte! Die würden mir gefallen! Die werde ich noch malen.

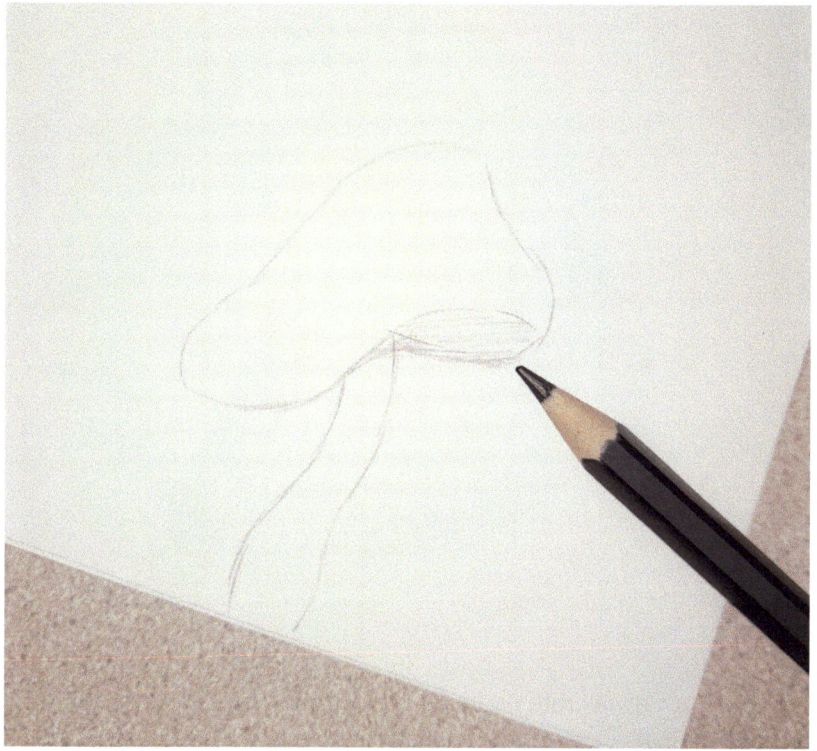

Schwammerl Nummer eins darf die Optik eines Fliegenpilzes haben.

Einmal die Umrisse. Und dann wird ausgemalt. Viele Punkte, für den Fliegenpilz......

...... und noch etwas rote Farbe. So gefällt mir mein Schwammerl.

Das zweite Schwammerl darf nicht nur eine andere Form haben, sondern doch ein bisschen bunter sein.

Farb- und Filzstifte dürfen nun zum Einsatz kommen...

...ein Feenwohnzimmer ist ja auch keine eintönige Angelegenheit ☺

...noch ein paar andere Farben für das dritte Schwammerl und ich habe auch meine Schwammerl-Idee fertiggebracht.

Darf es noch ein bisschen Malen sein?

Natürlich – deshalb nehme ich mir ja Zeit....

Gedanklich in meine Märchenwelt eintauchen, bei Vivifee vorbeischauen, was möchte ich denn noch durch das Fenster sehen?

Ui, ich weiß es!

Blumen, Schmetterlinge........... aber bitte bunt und mit viel Glitter. Nochmal ein paar einfache Motive zum bunt ausmalen...

... und das Feenwohnzimmer wird noch bunter ☺

So gefällt mir das!

Die einfachen Motive sind nicht nur zum „einfachen Malen" gedacht, sondern sie lassen sich auch viel einfacher ausschneiden ☺.

Nun sehe ich mir die Inneneinrichtung an, denn jedes Wohnzimmer braucht ja auch einen Tisch und Sessel.

Der Hocker ist ja für unseren Sam gedacht – jetzt noch eine Garnitur für Vivifee....

Hier nehme ich am besten die Toilettenpapierrollen – die eignen sich gut dafür.

Die Rollen auf die richtige Größe anpassen.

Einen Tisch möchte ich haben und zwei Sesseln.

Also schneide ich ein Größeres und zwei kleinere Stücke ab.

Für den richtigen Kleber entscheiden............... hier möchte ich gerne den flüssigen Uhu.... und dann geht es schon weiter.


Nicht wahr liebe Vivifee – jetzt bekommst du eine richtig bunte Wohnzimmergarnitur. ☺


Ich glaube, sie freut sich darüber.

Nun hol ich mir mein Rotes und das braune Bastelpapier.

Ebenfalls lege ich mir das selbstklebende, weiße Papier zurecht.

Der Tisch soll eine Schwammerloptik bekommen, dass finde ich süß.

Hier habe ich rotes Papier – da kann ich mit den Rollen schon den Kreis abmessen, den ich ausschneiden möchte.

Das braune Papier möchte ich der Länge nach abschneiden und den Tisch und meine Sessel damit verkleiden.

Selbstverständlich kann man hier „frei Hand" einen Kreis – oder auch ein Rechteck für Tisch und Sessel ausschneiden.

Ebenso kann man mit den Rollen den Kreis auf dem Papier nachmalen – sodass man ganz genau von Rand zu Rand kommt mit dem roten Papier.

Dies soll Geschmackssache sein.

Bei mir hier soll das Papier etwas über den Rand stehen – da ich eben eine Schwammerloptik haben möchte und bei den Schwammerln steht ja auch der Schwammerlkopf etwas über dem Stiel.

Das braune Bastelpapier zum Ausschneiden der „Schwammerlstiele".

Hier kommt es ebenso wieder auf die gewünschte Technik an....

Ich lege mir die Rolle auf und schneide dann die Breite danach ab.

Natürlich kann man sich diese auch einzeichnen und danach die jeweilige Breite abschneiden.

Auch wenn man es „frei Hand" versucht und etwas zu breit wird, kann man ja dann spätestens noch nachkürzen.

Es ist ja nichts verloren, wenn man im Nachhinein noch etwas kürzt und anpasst.

Nun haben wir schon ein Bild zur Idee.

So sollen meine Schwammerlstiele eingefärbt sein – die Streifen werde ich dann auf die Rollen kleben.

Hat wunderbar funktioniert ☺

Wenn ich mir sie noch so ansehe – gefallen sie mir immer noch.

Das ist auch speziell wichtig!

Oft hat man eine Idee und dann gefällt diese plötzlich nicht so gut........
das macht aber nichts, dann nimmt man sich die nächste Farbe zur
Hand!

Es soll schon sehr gut gefallen ☺ was man hier bastelt – sonst sind wir
ja am Ende nicht zufrieden mit unserem Werk.


Nun ist die erste Rolle angeklebt – die Farbe sieht toll aus.

Jetzt kann ich mich um den „Deckel" kümmern.

Gerade habe ich noch meine Rolle angelegt und hierbei auch überlegt, wie ich nun die „Deckel" mache.

Ich habe mich beim Tisch für ein Rechteck entschieden – da dieser ja etwas größer werden soll als die Sessel.

Bei den Sesseln werde ich dann Kreise ausschneiden.

Hier auf die Rolle gelegt und etwas zusammengedrückt.

Sieht nach „Schwammerltischtuch" aus, na das gefällt ☺.

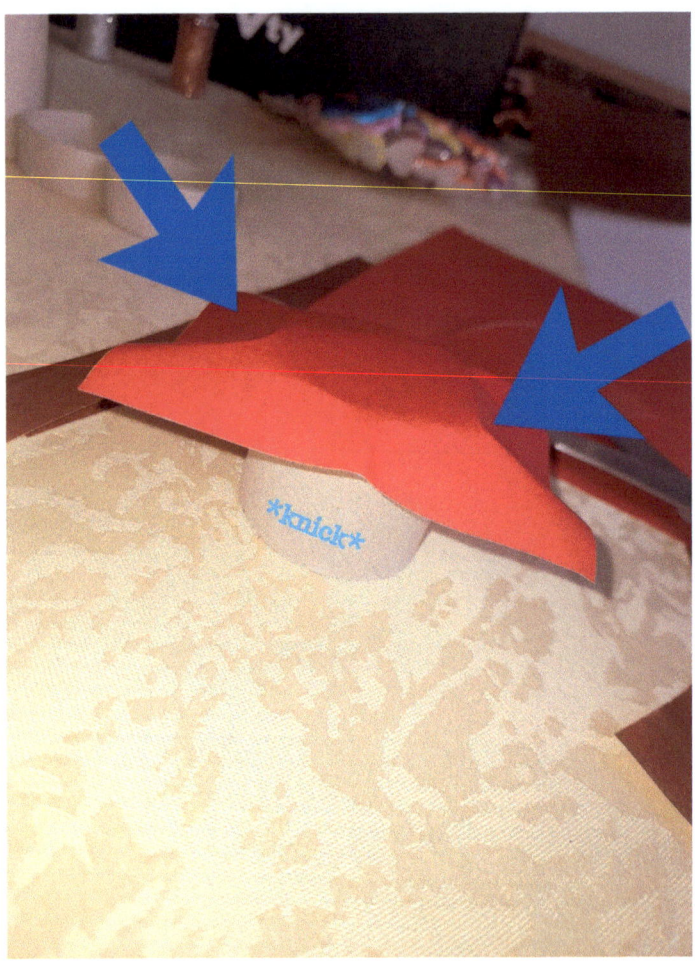

Einfach an den Seiten vorsichtig zusammendrücken.........

Hier sieht man dann den Knick auf den Seiten.

So würde ich das Ganze jetzt ankleben.

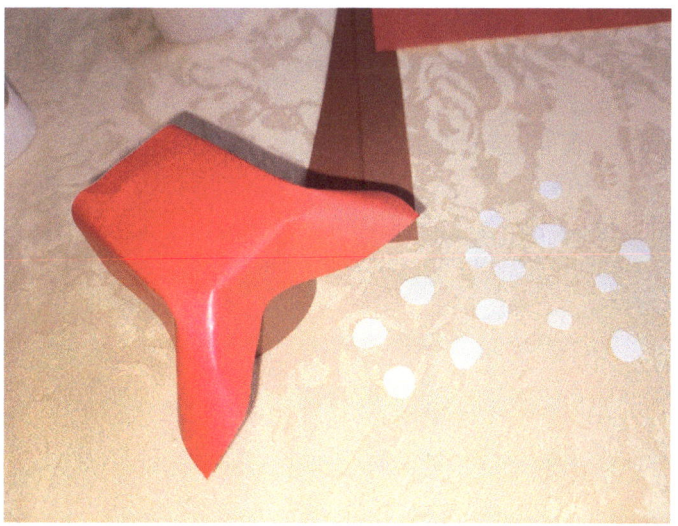

Mein Keber hält schon ganz gut ☺ - dann möchte ich meine Schwammerloptik umsetzen.

Jetzt wird noch einmal ausgeschnitten, und zwar ganz viele weiße Pünktchen.

Bei mir sind die Pünktchen für die Schwammerloptik, wie schon oben erwähnt, aus einem selbstklebenden Papier ausgeschnitten.

Dies funktioniert natürlich auch mit einem normalen weißen Papier. Dies klebt man dann einfach mit einem der Kleber auf den „Deckel".

Nun hätte ich gerne noch zwei Sessel.

Diese sollen ja rund werden, deswegen:

Das Rollenstück anhalten und eine Runde mit der Schere drehen ☺

Hier haben wir das Beispiel: Natürlich geht das auch mit einer Anzeichnung der Rolle – es muss ja nicht „frei Hand" sein.

Ich mache diese Sachen sehr gerne „frei Hand" und bessere im schlimmsten Fall dann im Nachhinein etwas nach.

Diese Techniken sind reine Geschmackssache – es ist wie mit den zahlreichen Klebern.

Hier Klebe ich viel mit flüssigem Uhu und auch das Klebeband kommt zum Einsatz.

Wenn jedoch jemand den Uhustick – bzw. Klebestick lieber hat – selbstverständlich nimmt man dann auch diesen.

Kleben tun sie ja alle ☺

Hier habe ich nun meinen Kreis, den ich auf die Rolle klebe.

Sieht doch ganz süß aus ☺ ich hoffe mir gelingt dies auch ein zweites Mal.

Na, Vivi Fee – was sagst du zu deiner neuen Garnitur? Lässt sich´s damit schön wohnen?

Ich glaube – ihr gefällt sie auch so gut wie mir...

... als Nächstes packen wir unsere selbstgemalten Kunstwerke an.

## 6.0. NOCH EIN BISSCHEN SCHNIBBELN & KLEBEN

52

Ein paar Schwammerl ausschneiden und die schöne Haustüre – damit unsere kleine Fee auch aus- und eingehen kann.

Dann kommen noch die Laternchen dran und die Einrichtung für das Feenwohnzimmer ist so gut wie komplett.

## 7.0. DIE SCHACHTEL

Nun wird die Verkleidung für das Feenwohnzimmer ausgepackt und angebracht......

...hier ist die Lieblingsfarbe/ Vorstellung vom Feenwohnzimmer Innen- wie Außen natürlich Geschmackssache.

Mein Feenwohnzimmer soll in genau dieser Farbe erstrahlen.

Eine Wand darf dann noch grün werden, damit auch die schöne Haustür zur Geltung kommt.

Das sehen wir uns nun an...

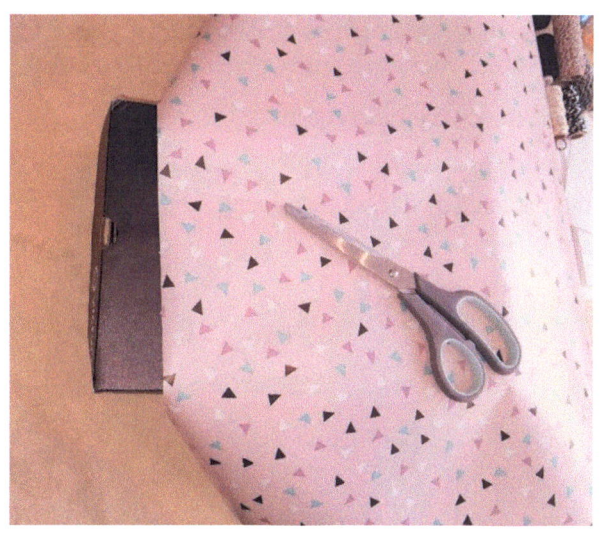

Ich nehme hier die Rolle mit meinem ausgewählten Papier und messe erstmal den Schuhkarton-Deckel ab.

Auf der Vorderseite habe ich ihn hier schon eingeschlagen, damit ich auch wirklich genügend Papier zum Ankleben für den Deckel habe.

Hier auch wieder je nach Geschmacksrichtung:

Soll der Deckel Innen- oder auch Außen in einer anderen Farbe gestaltet werden – braucht man diesen Schritt natürlich nicht.

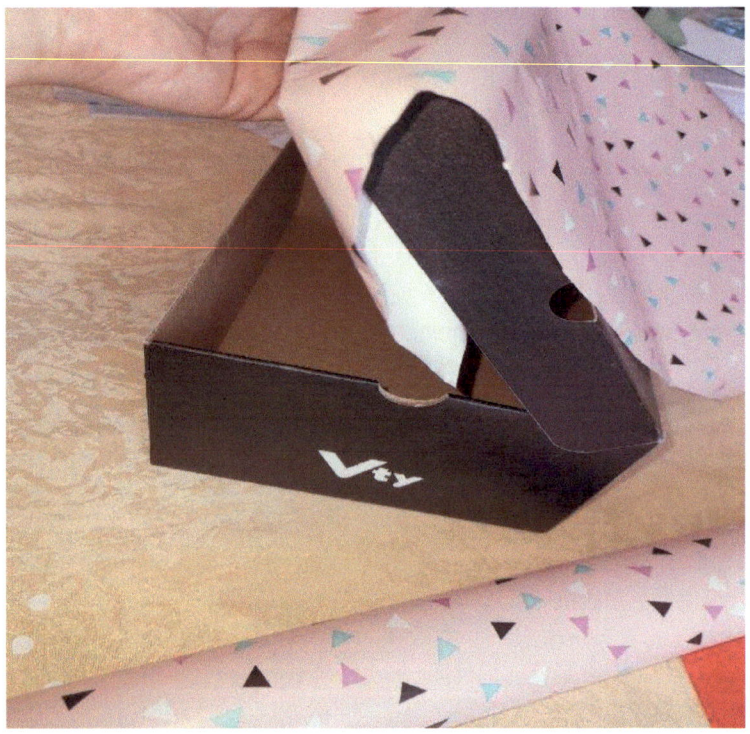

An dieser Stelle würde man dann ein anderes Papier einschlagen – oder eben genau das „Eine" für unser Wohnzimmer.

Auf der Rückseite habe ich das Papier noch nicht abgeschnitten – ich möchte es gerne durchgehend um die Schachtel kleben.

Natürlich muss dies nicht sein – es geht auch in mehreren Schritten.

Wenn man es nicht durchgehend kleben möchte, dann würde man den im besten Fall den Deckel rundum ausschneiden und wie es auch hier im Bild ersichtlich ist, die Ecken umklappen.

Dieselbe Vorgehensweise dann beim Boden:

Einfach dann die Seiten umklappen und dann hier festkleben.

Ich nehme hier gerne noch Klebeband extra, da die Schachtel ja auch mal geöffnet und wieder geschlossen wird.

So möchte ich vermeiden, dass das Papier dabei zu schnell abgenutzt wird, wenn der Deckel dann beim Auf- und Zumachen immer wieder an den Rand trifft.

Nun ist meine Schachtel einmal umrandet.

Die Ecken Innen und auch die Seiten Außen sollen noch eingeschlagen und angeklebt werden….

Speziell an den Seiten habe ich mir Folgendes überlegt:

Ich möchte an meiner „Guckseite" kleine Fensterlädchen anbringen. Wenn ich hier die Stelle – die ich als Guckfenster haben möchte, frei von Papier lasse, kann ich auch die Schachtel besser ausschneiden.

Es wäre ja schade, wenn ich dann beim Ausschneiden zu viel vom Papier erwische, oder gar etwas davon wieder abziehe – aus Versehen.

...nun ist schon fast alles beklebt.

Außen habe ich die Schachtel in Einem überzogen und mein Guckfenster habe ich ausgelassen.

Noch wichtig für mich, wenn ich die Schachtel in Einem überziehe:

Ich möchte ja, wie gesagt den Deckel noch auf und zu machen können, so schneide ich auf der Seite das Papier etwas ein, so bekomme ich die Flexibilität dazu.

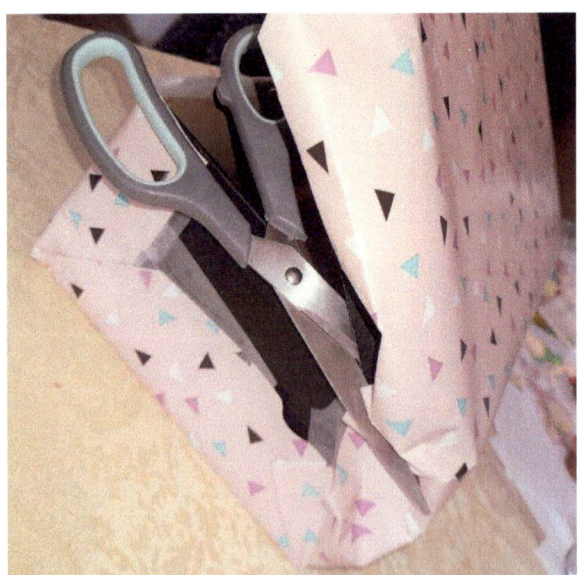

Und jetzt folgt die Innenseite.

Diese sollte ja erst recht hübsch und bunt verkleidet sein – denn damit haben wir ja dann die meiste Freude.

Hier lege ich das Papier wieder an – ebenso wie im ersten Schritt außen.

Dann werden die Seiten umgeklappt…

...so kann ich diese nun etwas kürzen und ankleben.

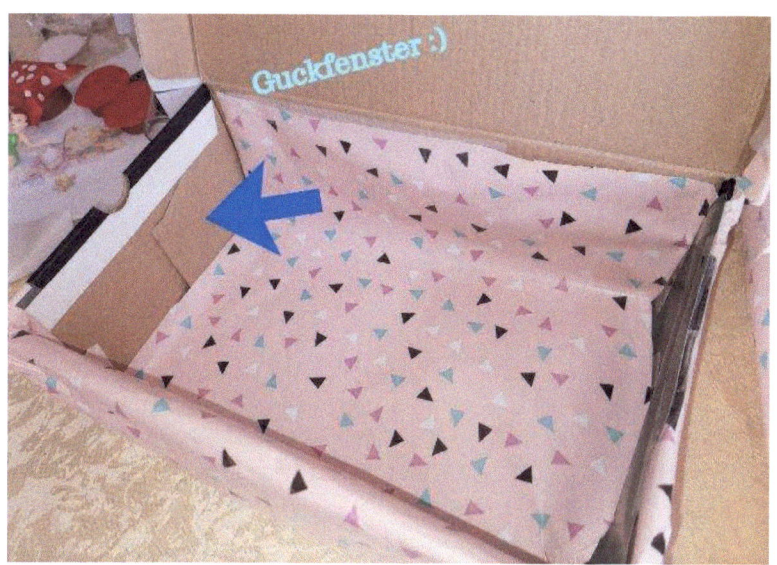

Wie schon erwähnt, lasse ich hier mein Guckfenster frei.

Ebenso wird mein Deckel an der Innenseite frei gelassen, da ich hier noch ein Loch für meine Taschenlampe brauche und noch eine kleine Idee mit einbauen möchte.

Aber erstmal wird das Guckfenster ausgeschnitten....

...hierzu nehme ich das Messer, denn ich bin damit genauer.

Natürlich funktioniert dies auch mit einer Schere – bzw. gerade für Kinder dann mit einer Bastelschere – oder die Erwachsenen übernehmen diesen Ausschnitt.

Ist natürlich alles möglich.

Nun sieh einer unser Wohnzimmer an, das sieht doch schon ganz süß aus von außen, nicht wahr?

Doch fehlt uns noch ein Loch für die Taschenlampe, und zwar am Deckel.

Bei mir kommt hier auch nochmal das Messer zum Einsatz – wie schon erwähnt, damit bin ich genauer.

Jetzt kommt Licht an die Sache – das ist wunderbar.

Auch wenn der Deckel zu ist – wir können uns verzaubern lassen, ach wie schön.

....noch ein Versuch, ob die Taschenlampe auch wirklich gut reinpasst – ohne rein zu fallen.

Wunderbar, so kann es weitergehen.

Es fehlen noch meine Fensterlädchen....

Nun wird die Schachtel erstmal zu gemacht – um nachzusehen, ob man denn genug sieht und ob ich mein Fenster noch verändern möchte.

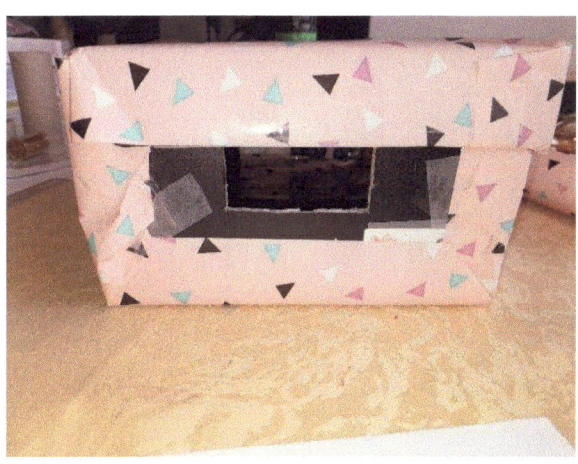

Meine Schachtel schließt schon mal gut und gerade, ich sehe gut durch, das freut mich.

Nun gehört das Fenster noch dekoriert.

Dazu habe ich mir braunes Bastelpapier zurechtgeschnitten und zwei von meinen Glitzerschmetterlingen zurechtgelegt.

Diese möchte ich ankleben, ich glaube, dass würde mir gut gefallen.


Einmal die Fensterlädchen – hier mein braunes Bastelpapier angeklebt.........

....... und im zweiten Schritt dann die Schmetterlinge angebracht.

Ach, das sieht doch wunderbar aus.

Hier hab ich schon einen kleinen Einblick in das Feenwohnzimmer – wie wird es denn aussehen, wenn ich fertig bin?

Ein bisschen verzaubert bin ich auch schon………

Sam hat auch schon seinen Platz gefunden – er wartet jetzt auf seine gute Freundin.

Vivifee möchte nun auch ihr Wohnzimmer beziehen – sie kann es ja auch nicht mehr erwarten.

Jetzt machen wir uns noch ans Innenleben ran, das macht Freude.

Noch mehr Kleben und noch ein bisschen bunter.

Hier habe ich mir meine ausgeschnittenen Malereien zurechtgelegt und auch ein paar Glitzer-Extras sollen zum Einsatz kommen.

Hier am Foto sieht man schon meinen grünen Hintergrund auf einer Seite……. da möchte ich meine Tür und Sam´s Hocker platzieren.

Auch meine Glitzer-Schmetterlinge dürfen auf keinen Fall fehlen, die kommen jedoch auf JEDE Wand – sie sind ja auch zauberhaft.

Hier werden sich höchstwahrscheinlich die Geschmäcker teilen – natürlich sehen Herzen, mehr Blumen, oder auch Schwammerl genau so süß aus, wie meine Schmetterlinge.

Es muss auch nicht so viel Glitzer sein – ich möchte das gerne, weil es mir sehr gut gefällt.

Immer schön dem eigenen Märchenbild folgen – dann wird die Guckschachtel etwas ganz Besonderes.

Die Blümchen, Laternen, Schmetterlinge, Schwammerl und auch Glitzerschmetterlinge sind angebracht, nun können wir unserer Vivi Fee und ihrer Schwammerlgarnitur ihren Platz geben, es wäre an der Zeit...

## 8.0. VIVI ZIEHT EIN.

….nun liebe Vivifee – möchtest du dein Feenwohnzimmer beziehen?

Es sieht aus als würde sie sich wohlfühlen, nicht wahr?

Das sieht ja schon toll aus, liebe Fee – jetzt möchte ich noch gerne meine kleine Idee umsetzen….

In der Geschichte über das Feenwohnzimmer – welche ihr auf den letzten Seiten findet – verzaubert die kleine Zauberfee ihr Wohnzimmer….

Und zwar hat sie gelernt es schneien zu lassen.

Dazu habe ich mir eine Bastelvorlage aus dem Internet geholt.

Dass sind viele kleine Schneeflocken – die sehr simple auszuschneiden sind.

Die Schneeflocken lasse ich hier teilweise weiß und male sie teilweise hellblau an.

Ich glaube, damit habe ich nachher in der Schachtel einen schönen schimmernden Effekt, das würde mir gefallen.

Jetzt dürfen wir wieder einmal schnibbeln, dass hatten wir auch schon lange nicht mehr. ☺

Das gehört zum Bastelspaß – dass macht Freude.

Meine Schneeflocken werden rund. So kann ich sie nachher auch besser einfädeln……

….einfädeln, da sie ja erst später in der Geschichte zum Einsatz kommen, darf man sie ja nicht gleich sehen.

Zum Einfädeln nehme ich hier eine einfache Nadel mit Loch – sie sollte nicht zu dick sein, aber darf schon eine stabile Größe haben, da wir damit auch durch den Kartondeckel müssen.

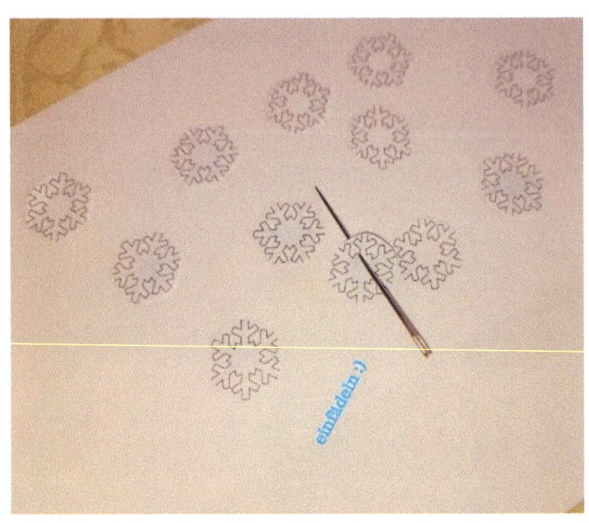

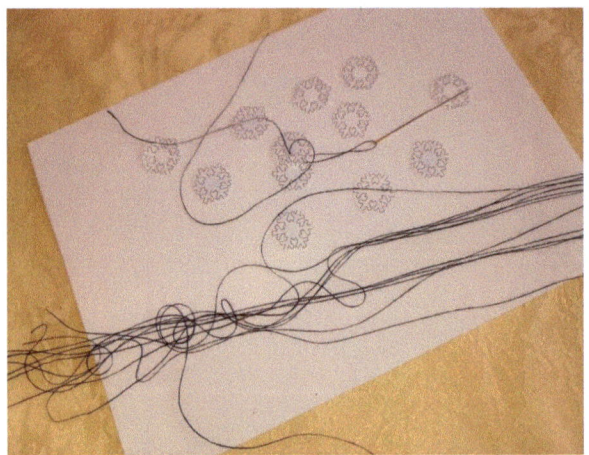

...bereit zum Integrieren der Flöckchen in der Guckschachtel.

Ich möchte sie etwas weiter vorne und schräg links platzieren – da dann auch die Fäden nicht so auffallen.

Dies habe ich mir vorab angesehen – wenn man sie weiter hinten platzieren möchte, bzw. auch direkt über Vivifee – sieht das mit Sicherheit genauso gut aus und hat einen ebenso tollen Effekt.

Wieder einmal Geschmackssache – immer so, wie man es am schönsten empfindet.

Dies ist das Wichtigste an unserer kleinen Märchenwelt.

Nun werden die Flöckchen noch in den Kartondeckel gefädelt.

Schön einzeln durch fedeln, damit man später, bei der Geschichte kein „Wirrwarr" in den Schnüren bekommt.

Diese sollten dann einfach anzuheben sein, um die Schneeflocken im Inneren nach oben ziehen zu können....

Die Schnüre schön auf der linken Seite, dass sie nicht gleich auffallen, wenn wir reingucken.

Nun...... ist alles gemalt, beklebt und fertig gebastelt – wie wir uns das vorgestellt haben?

Die letzten Ideen noch integriert und fertig gestellt?

Ok, wollen wir uns dann verzaubern lassen?

Einmal den Deckel zu, die Taschenlampe rauf und das Märchen kann beginnen………

Hallo liebe Vivifee – ach ist es schön, dich in deinem Feenwohnzimmer besuchen zu dürfen.

Gefällt es dir gut?

Gefällt es auch Sam?

Das ist doch wunderbar…

…ja was ist denn das, hat es etwa bei dir zu schneien begonnen?

(einmal an den Schnüren gezogen und…)

Oh, ist da etwa ein Zauber im Spiel – es schneit ja nur bei dir, liebe Vivifee, was hat es denn damit auf sich?

Dies wird uns jetzt unser kleines Märchen erzählen...

Ich hoffe ihr habt genau so viel Freude mit eurer Guckschachtel wie ich. So lasst uns die Geschichte lesen, auf dass noch ganz viele tolle Geschichten folgen.

Dies sind unsere Märchenstunden, Sternenstunden, Stunden der Freude, Freizeit, Spaß.

Lassen wir unsere Wunder wahr werden – unsere Träume wirken, so oft es nur geht.

Nun darf ich mein Märchen zu Vivifees Wohnzimmer mit euch teilen – ich freue mich sehr darüber...

Viel Spaß und Freude – lassen wir uns verzaubern.

## 9.0. EINE KLEINE GESCHICHTE.

Hallo, ich bin Vivi, ich bin eine Zauberfee.

Ja richtig gehört, ich kann auch zaubern, bzw. lerne ich es gerade.

Das ist mein Wohnzimmer.

Hier spiele, lache und zaubere ich gerne. Ich freue mich, dass ihr mich heute besuchen kommt.

Was ich so zaubere?

Ganz viele, tolle Zaubersprüche kann ich schon.

Es funktionieren sogar schon ganz viele davon.

Ein paar andere muss ich aber noch üben.

Denn: "noch ist kein Meister vom Himmel gefallen".

Sagt meine Zauberlehrerin in der Zauberschule.


Jede Fee, lernt mit ihrem gaaanz eigenen Tempo. Das ist völlig ok, da alle Feen auch unterschiedlich sind, sagt sie.

Ja, welchen Zauberspruch soll ich denn heute ausprobieren?

Ach, ich weiß!

Ich mache Schnee!

Jetzt lasse ich es in meinem Wohnzimmer schneien.

Aufgehts - Vivi, konzentrier dich...

Den Zauberspruch kann ich auswendig – dass ist einer von denen, der auch funktioniert! Also los:

Vivi, Vivi, lass es geschehen, ich möchte weiße Schneeflocken sehen.

Vivi, Vivi, Konzentration!

Von der Zimmerdecke sollen die Flocken fallen, du machst das schon.

Der Schnee ist schön, der Schnee ist nass und fällt er vom Himmel macht er ganz viel Spaß.

(Nach dem Spruch sollen nun die Schneeflocken an den Schnüren hochgezogen werden.)

Oh, wie schön, es schneit tatsächlich! Ich habe es geschafft!

Ein kleines Winterwunderland, nur für mich.

Nur was mache ich denn jetzt mit all dem Schnee?

Ach, ich weiß, ich baue einen schönen, großen Schneemann, mit Filzhut und Karottennase, denn gerade die Karottennase darf bei einem Schneemann auf keinen Fall fehlen, nicht wahr?

Schneemann bauen mach so viel Spaß! Findet ihr nicht?

Oh, das ist ein schöner Schneemann geworden, ich freue mich über mein schönes Kunstwerk.

Ja Schneemann, mein Schneemann, ich freue mich dich zu sehen.

Mein Zauber hat geklappt, jetzt kannst du hier bei mir stehen.

Doch leider ist unsere gemeinsame Zeit nicht auf Dauer…

Denn bald schon geht der Tag zu Ende und der Mond liegt auf der Lauer.
Da ist es an der Zeit aufzuräumen, denn dann werden die kleinen Feen ins Bett gehen und schön träumen.

Also auf bald mein großer Freund, wir sehen uns sicher wieder, hab noch keinen Schneefall versäumt.

Und mit diesem lieben Abschiedsgruß an meinen Schneemann, werde ich nun aufräumen, denn es ist schon spät.

Ich gehe immer pünktlich schlafen, damit ich fit und wach für die Zauberschule bin.

Morgen gehen die nächsten Stunden los, da lernen wir ganz viele, neue Zaubersprüche, dass macht bestimmt Spaß.


Besuche mich doch bald einmal wieder, ich freue mich sehr über neue Freunde.......

Also bis bald zu unserem nächsten Abenteuer!

## 10.0. SCHLUSSWORTE

Wie versprochen zuerst:

Malvorlagen: 1563

Hier ist die Zahlenkombination für jeden, der gerne eine Malvorlage hätte ☺.

Einfach die Anfrage zur Malvorlage, auch gerne jede gewünschte (Blumen, Schmetterling, etc...) und die Zahlen dazu anführen.

Dann schicke ich diese gerne per Mail zurück.

Mail an: mila_kirsche@web.de


Selbstverständlich freue ich mich über jede Art von Anfragen und Rückmeldungen.

Ich hoffe euch hat meine Märchenwelt gefallen – es sollen noch viele folgen.

Miteinander basteln, beisammen sein, Geschichten erzählen und uns von Märchen verzaubern lassen, was gibt es denn Schöneres?

Frei nach dem Motto:

Wir basteln uns die Welt, so wie sie uns gefällt.

Träumen, erfinden, kreativ sein und eintauchen in unsere eigene zauberhafte Welt.

Viel Spaß, Freude, Liebe und Entspannung wünsche ich euch allen, die sich mit mir in ihre Märchenwelten begeben....

Bis bald.

Eure Mila van Kirsche

**Online**:
mila_kirsche@web.de
https://milakirsche.wixsite.com/vivifee
Twitter: twitter.com/MilaVanKirsche
Instagram: mila_kirsche
TikTok: @milavankirsche
Facebook: Mila Kirsche
Facebook: Basteln mit Mila van Kirsche